La salud y el estado físico

Ejercicio

A. R. Schaefer

Heinemann Library,
Chicago, IL

www.heinemannraintree.com
Visit our website to find out
more information about
Heinemann-Raintree books.

To order:
☎ Phone 888-454-2279
💻 Visit www.heinemannraintree.com
to browse our catalog and order online.

©2011 Heinemann Library
an imprint of Capstone Global Library, LLC
Chicago, Illinois

Edited by Rebecca Rissman and Catherine Veitch
Designed by Kimberly R. Miracle and Betsy Wernert
Original illustrations © Capstone Global Library Ltd.
Illustrated by Tony Wilson (p9)
Picture research by Elizabeth Alexander
Originated by Dot Gradations Ltd.
Printed in China by South China Printing Company Ltd.
Translated into Spanish by DoubleO Publishing Services

14 13 12 11 10
10 9 8 7 6 5 4 3 2 1

Library of Congress Cataloging-in-Publication Data
Schaefer, A. R. (Adam Richard), 1976-
[Exercise. Spanish]
Ejercicio / A. R. Schaefer.
p. cm. -- (La salud y el estado físico)
Includes index.
ISBN 978-1-4329-4443-8 (hb) -- ISBN 978-1-4329-4448-3 (pb)
1. Exercise--Juvenile literature. I. Title.
RA781.S26518 2010
612'.044--dc22
                    2010003077

Acknowledgments

We would like to thank the following for permission to
reproduce photographs: Alamy pp. 4 (© Andreas Gradin),
19 (© Sally & Richard Greenhill); Corbis pp. 5 (© Michael
DeYoung), 12 (© Image Source), 13 (© Tim Pannell), 16 (©
Fancy/Veer), 24 (© Tom & Dee Ann McCarthy), 26 (© SW
Productions/Brand X), 27 (© LWA-Sharie Kennedy/Zefa);
Getty Images pp. 6 (Andrew Olney/Photographer's Choice),
8 (Shannon Fagan/Taxi), 11 (Alistair Berg/Photonica), 25
(Dennis Welsh/UpperCut Images), 29 (Stuart McClymont/
Stone); Photolibrary pp. 10 (Paul Paul/F1 Online), 14 Henryk
T. Kaiser/Age Fotostock), 15 (Kablonk!), 17 (Plainpicture), 20
& 28 (Corbis), 21 (Juan Silva/Brand X Pictures), 23 (Paul Paul/
F1 Online); Rex Features p. 18 (Markku Ulander); Shutterstock
p. 22 (© Monkey Business Images).

Cover photograph of a boy playing soccer reproduced with
permission of Shutterstock (© Kristian Sekulic).

The publishers would like to thank Yael Biederman for her
assistance in the preparation of this book.

Every effort has been made to contact copyright holders
of any material reproduced in this book. Any omissions
will be rectified in subsequent printings if notice is given to
the publisher.

All the Internet addresses (URLs) given in this book were valid
at the time of going to press. However, due to the dynamic
nature of the Internet, some addresses may have changed, or
sites may have changed or ceased to exist since publication.
While the author and Publishers regret any inconvenience this
may cause readers, no responsibility for any such changes can
be accepted by either the author or the Publishers.

Contenido

Algunas palabras aparecen en negrita, **como éstas**.
Puedes averiguar sus significados en el glosario.

El ejercicio nos mantiene sanos

El ejercicio es una parte importante de una vida sana. Ayuda al cuerpo y a la mente a sentirse bien. El ejercicio también puede ser divertido.

Es divertido hacer ejercicio con amigos.

Pasear en bicicleta es una buena manera de hacer ejercicio.

Haces ejercicio cuando paseas en bicicleta. Jugar a correr y perseguirse es una manera fácil de hacer ejercicio. Hasta plantar un huerto es buen ejercicio para el cuerpo.

¿Qué es el ejercicio?

Tu decisión:

Te gusta jugar videojuegos en casa. Tienes un videojuego de fútbol que es muy divertido. ¿Es buen ejercicio jugarlo?

Los videojuegos son divertidos, ¿pero se hace ejercicio al jugarlos?

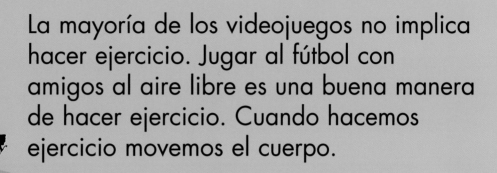

La mayoría de los videojuegos no implica hacer ejercicio. Jugar al fútbol con amigos al aire libre es una buena manera de hacer ejercicio. Cuando hacemos ejercicio movemos el cuerpo.

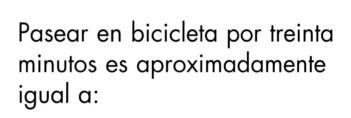

Pasear en bicicleta por treinta minutos es aproximadamente igual a:

 correr rápido por 10 minutos

 patinar en línea por 11 minutos

 jugar al tenis o trotar por 17 minutos

 nadar por 19 minutos

 jugar al vóleibol por 34 minutos

 caminar rápido por 36 minutos

 caminar lentamente por 54 minutos

Ejercita todo el cuerpo

Casi todos los juegos y los deportes son buenos para todo el cuerpo. Existen diferentes tipos de ejercicio que son buenos para algunas partes del cuerpo. Por ejemplo, nadar hace más fuertes los brazos, mientras que correr es bueno para los **músculos** de las piernas.

Trepar ayuda a fortalecer los músculos de las piernas y los brazos.

Los músculos del cuerpo

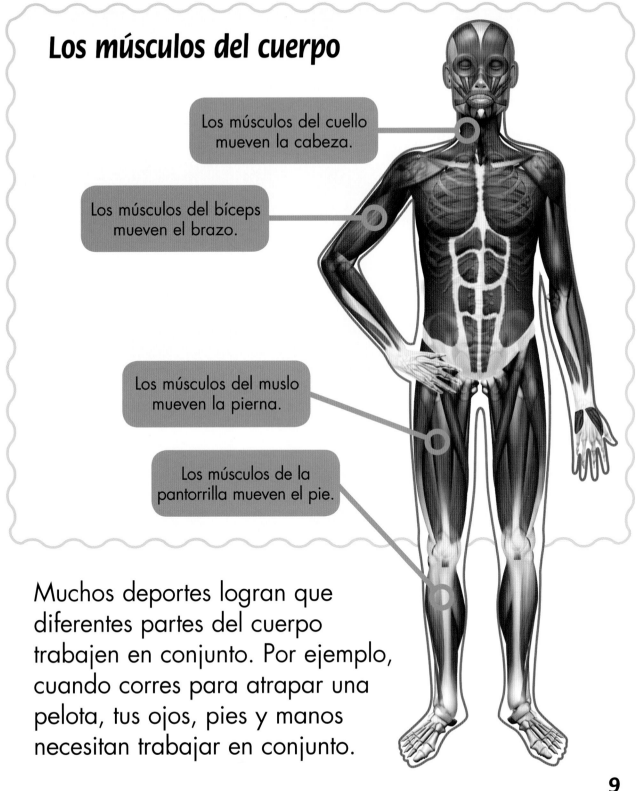

Los músculos del cuello mueven la cabeza.

Los músculos del bíceps mueven el brazo.

Los músculos del muslo mueven la pierna.

Los músculos de la pantorrilla mueven el pie.

Muchos deportes logran que diferentes partes del cuerpo trabajen en conjunto. Por ejemplo, cuando corres para atrapar una pelota, tus ojos, pies y manos necesitan trabajar en conjunto.

Ejercita el corazón y los pulmones

Los corazones de estos niños bombean sangre a todas las partes de sus cuerpos.

Cuando haces ejercicio, respiras más rápidamente y tu **corazón** late más rápido. Esto hace que la sangre transporte el **oxígeno** desde los **pulmones** hacia todo el cuerpo. Las diferentes partes del cuerpo necesitan oxígeno para funcionar bien.

Cuando corremos, ejercitamos nuestros corazones y pulmones.

Para fortalecer tu corazón y tus pulmones, es importante que hagas ejercicio todos los días. Debes intentar que tu corazón lata rápidamente durante una hora casi todos los días.

Ejercita los músculos y los huesos

Los deportes o el ejercicio hacen que los **músculos** trabajen. Es bueno ejercitar y fortalecer los músculos. Los músculos ayudan a los huesos a moverse.

Hacer dominadas fortalece los músculos de los brazos y de la espalda.

La leche también ayuda a mantener los huesos sanos.

Cada vez que te levantas, estiras o inclinas, usas tus músculos. Casi todo tipo de ejercicio fortalecerá tus músculos o huesos. Nadar, hacer saltos de tijera y subir escaleras son buenos ejercicios.

Ejercita el cerebro y la mente

Hacer ejercicio hará que tu **corazón** lata más rápido. El corazón bombea **oxígeno** a todo el cuerpo. Cuando el corazón late rápido, bombea más oxígeno al **cerebro**.

El ejercicio físico te hace sentir bien.

El oxígeno hace que tu cerebro funcione bien y así puedes pensar con rapidez y claridad. El ejercicio te ayuda a **concentrarte** en la escuela. También es una excelente manera de hacer amigos.

Estos niños se divierten haciendo ejercicio juntos.

Lugares seguros donde hacer ejercicio

Tu decisión:

Quieres jugar un partido de fútbol con tus amigos. ¿Es la calle un buen lugar para jugar?

Es importante hacer ejercicio en un lugar seguro.

Fíjate si hay algún **riesgo**, como vidrios rotos, en el lugar donde juegas.

Puede ser peligroso jugar en la calle. Aléjate de los vidrios rotos y de los carros en movimiento o de otro tipo de tránsito, incluidas las bicicletas. Es mejor hallar un lugar seguro donde jugar y hacer ejercicio.

Hacer ejercicio en la escuela

Muchos niños hacen ejercicio en la escuela. En la clase de educación física puedes ejercitarte. En esta clase puedes hacer deportes, ejercicio y bailar.

Estar en movimiento durante la clase de educación física puede ser un buen cambio después de estar sentado mucho tiempo en el salón de clases.

Correr carreras es una manera
divertida de pasar el recreo.

El recreo es otro momento en el que puedes hacer
ejercicio. Debes intentar hacer ejercicio todos
los días cuando sales al recreo. Caminar o ir
en bicicleta a la escuela también es una buena
manera de hacer ejercicio.

Hacer ejercicio en casa

Tu decisión:

Tus padres te piden que ayudes a cuidar el jardín. Quieren que saques la maleza y rastrilles. ¿Trabajar en el jardín es hacer ejercicio?

Hacer ejercicio no es sólo jugar o hacer deportes.

Trabajar adentro o afuera puede ser un buen ejercicio. Trabajar en el jardín fortalece la espalda y las piernas. Ayudar a cargar la compra o hacer tareas domésticas hace trabajar los **músculos** de los brazos.

Es posible hacer ejercicio de muchas maneras diferentes.

Hacer ejercicio solo

Volar una cometa es una excelente manera de hacer ejercicio.

Hay muchas maneras de hacer ejercicio solo. Puedes pasear en bicicleta, trotar o practicar tu deporte favorito. Puede ser un buen momento para pensar o **relajarte**.

Hacer abdominales o patinar en línea son otras buenas maneras de hacer ejercicio solo. Siempre debes asegurarte de que un adulto sepa lo que haces.

Hacer ejercicio cerca de adultos es una buena manera de mantenerte fuera de peligro.

Hacer ejercicio con otras personas

Los deportes que se practican en **equipo** son una manera de hacer ejercicio con otras personas. El baloncesto y el fútbol son deportes que se juegan con un grupo de amigos.

Correr en una cancha de baloncesto es bueno para los **pulmones** y el **corazón**.

Hacer ejercicio con otra persona puede ser más seguro y más divertido que hacer ejercicio solo.

Los deportes son una manera de hacer ejercicio, pero también puedes hacer alguna **actividad** con amigos. Pasear en bicicleta, jugar a perseguirse, salir a dar un paseo y nadar son buenas maneras de hacer ejercicio.

¿Demasiado ejercicio?

Tu decisión:

Hacer un poco de ejercicio es bueno para el cuerpo. ¿Es buena idea hacer ejercicio todo el tiempo?

Es buena idea estirarse antes y después de hacer ejercicio.

El cuerpo también necesita tiempo para descansar. Haz ejercicio un par de veces por semana y detente siempre que te duela. El ejercicio debe ser divertido y debe hacerte sentir bien.

Siempre intenta descansar después de hacer ejercicio.

Hacer ejercicio toda la vida

Hacer ejercicio es importante para los adultos y para los niños. Cuando las personas son mayores, pueden tener vidas muy ocupadas. Sin embargo, también necesitan hacer un poco de ejercicio todos los días.

Sólo se necesitan unos pocos minutos por día para hacer suficiente ejercicio.

El ejercicio es una parte importante de una vida saludable. Comienza a hacer ejercicio ahora y tendrás un **hábito** saludable para el resto de tu vida.

El ejercicio puede ser divertido a cualquier edad.

Glosario

actividad algo que haces

cerebro parte del cuerpo que te ayuda a pensar, recordar, sentir y moverte

concentrarse cuando piensas atentamente en lo que estás haciendo

corazón parte del cuerpo que bombea sangre a todas las otras partes del cuerpo

equipo grupo de personas

hábito algo que haces frecuentemente

músculo parte del cuerpo que puede ayudar a los huesos a moverse

oxígeno parte del aire que necesitamos para vivir

pulmón parte del cuerpo que te permite respirar

relajarse descansar

riesgo peligro. Los riesgos son cosas de las que nos tenemos que cuidar.

Aprende más

Lectura adicional

Gaff, Jackie. *¿Por qué debo hacer ejercicio? (¿Por qué debo...)* Everest Publishing, 2007

Gogerly, Liz. Exercise. New York: Crabtree, 2008.

Royston, Angela. *Get Some Exercise!* Chicago: Heinemann Library, 2004.

Royston, Angela. *¿Por qué necesitamos estar activos? (Mantente saludable)* Chicago: Heinemann-Raintree Classroom, 2006.

Salzmann, Mary Elizabeth. *Being Active*. Edina, Minn.: Abdo Pub., 2004.

Vogel, Elizabeth. *¡A hacer ejercicio!* New York: Rosen Pub., 2008.

Sitios web

http://kidshealth.org/kid/en_espanol/sano/work_it_out_esp.html
Averigua por qué el ejercicio es genial.

Índice